Impressum

Verlag: BABADADA GmbH, Nedderfeld 112 , 22529 Hamburg

Geschäftsführer / Verlags eitung: Harald Hof

Druck: Books on Demand GmbH, In de Tarpen 42, 22848 Norderstedt

Imprint

Publisher: BABADADA GmbH, Nedderfeld 112 , 22529 Hamburg, Germany

Managing Director / Publishing direction: Harald Hof

Print: Books on Demand GmbH, In de Tarpen 42, 22848 Norderstedt, Germany

škola
škola

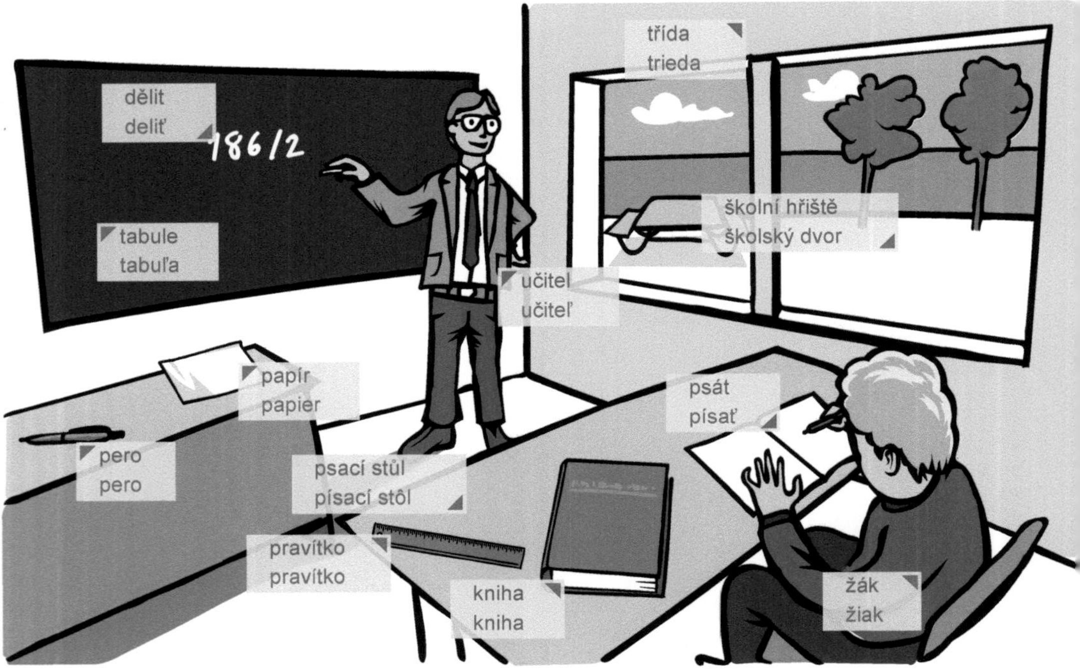

třída
trieda
dělit
deliť
186/2
tabule
tabuľa
školní hřiště
školský dvor
učitel
učiteľ
papír
papier
psát
písať
pero
pero
psací stůl
písací stôl
pravítko
pravítko
kniha
kniha
žák
žiak

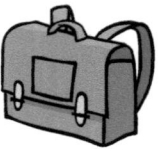

aktovka

školská taška

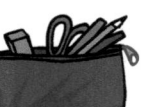

penál

peračník

tužka

ceruza

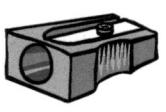

ořezávátko

strúhadlo na ceruzky

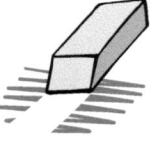

guma

guma

blok na kreslení

skicár

výkres
kresba

štětec
štetec

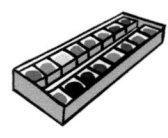

malířské potřeby
vodové farby

nůžky
nožnice

lepidlo
lepidlo

cvičebnice
cvičný zošit

domácí úkol
domáca úloha

12

počet
číslo

2+2

sčítat
sčítať

5-2

odčítat
odčítať

2×2

násobit
násobiť

počítat
počítať

A

písmeno
písmeno

**ABCDEFG
HIJKLMN
OPQRSTU
VWXYZ**

abeceda
abeceda

slovo
slovo

text
text

číst
čítať

křída
krieda

hodina
hodina

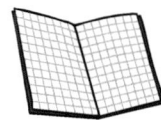

třídní kniha
triedna kniha

zkouška
skúška

vysvědčení
certifikát

školní uniforma
školská uniforma

vzdělání
vzdelanie

encyklopedie
encyklopédia

univerzita
univerzita

mikroskop
mikroskop

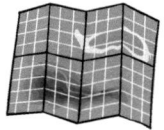

karta
mapa

odpadkový koš na papír
kôš na papier

cesta
cesta

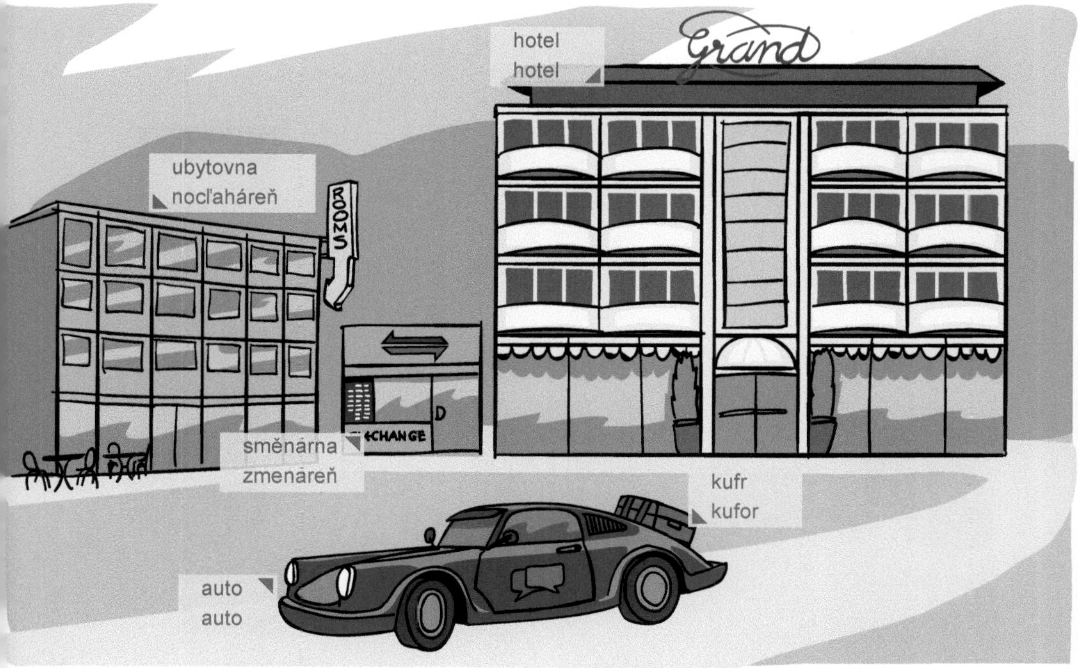
hotel
hotel
Grand
ubytovna
nocľaháreň
ROOMS
EXCHANGE
směnárna
zmenáreň
kufr
kufor
auto
auto

jazyk

jazyk

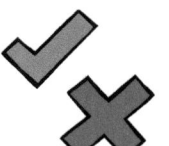

ano / ne

áno/nie

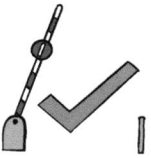

oukej

v poriadku

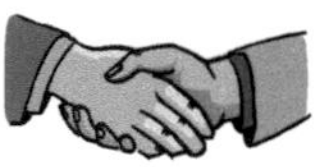

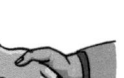

Ahoj!

ahoj

překladatel

prekladateľ

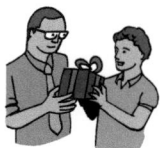

děkuji

ďakujem

Kolik stojí...?

Koľko stojí ... ?

nerozumím

Nerozumiem

problém

problém

Dobrý večer!

Dobrý večer!

Dobré ráno!

Dobré ráno!

Dobrou noc!

Dobrú noc!

na shledanou

Dovidenia

směr

smer

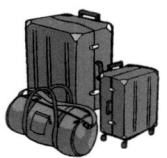

zavazadlo

batožina

taška

taška

batoh

batoh

host

hosť

pokoj

izba

spací pytel

spacák

stan

stan

turistické informace

informácie pre turistov

pláž

pláž

kreditní karta

kreditná karta

snídaně

raňajky

oběd

obed

večeře

večera

jízdenka

cestovný lístok

výtah

výťah

poštovní známka

poštová známka

hranice

hranica

clo

clo

poselství

veľvyslanectvo

vízum

vízum

pas

cestovný pas

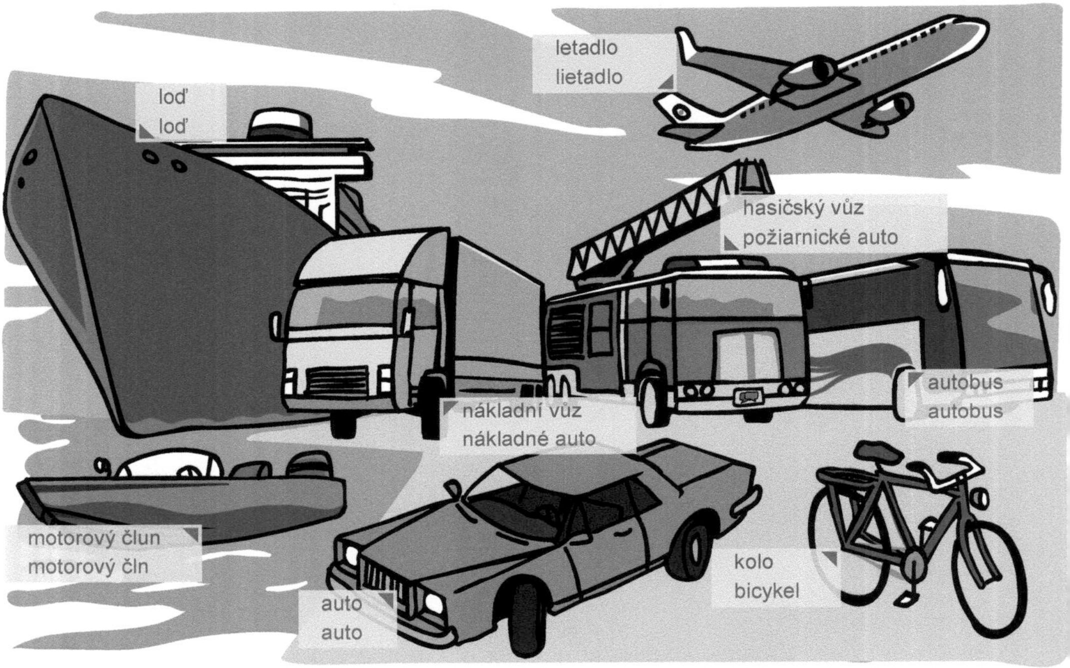

letadlo
lietadlo

loď
loď

hasičský vůz
požiarnické auto

autobus
autobus

nákladní vůz
nákladné auto

motorový člun
motorový čln

auto
auto

kolo
bicykel

přívoz	člun	motorka
trajekt	loď	motorka

policejní auto	závodní auto	pronajaté auto
policajné auto	pretekárske auto	vozidlo z požičovne

sdílení aut

carsharing

odtahová služba

odťahové auto

popelářský vůz

smetiarske auto

motor

motor

palivo

benzín

čerpací stanice

čerpacia stanica

dopravní značka

dopravná značka

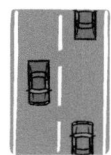

doprava

premávka

dopravní zácpa

zápcha

parkoviště

parkovisko

vlakové nádraží

vlaková stanica

koleje

trate

vlak

vlak

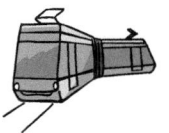

tramvaj

električka

vagón

vagón

helikoptéra
helikoptéra

letiště
letisko

věž
veža

pasažér
pasažier

kontejner
kontajner

kartón
kartón

trakař
vozík

koš
kôš

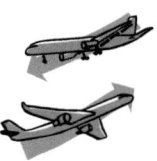

vzlétnout / přistát
štartovať / pristáť

město
mesto

vesnice
dedina

střed města
centrum mesta

dům
dom

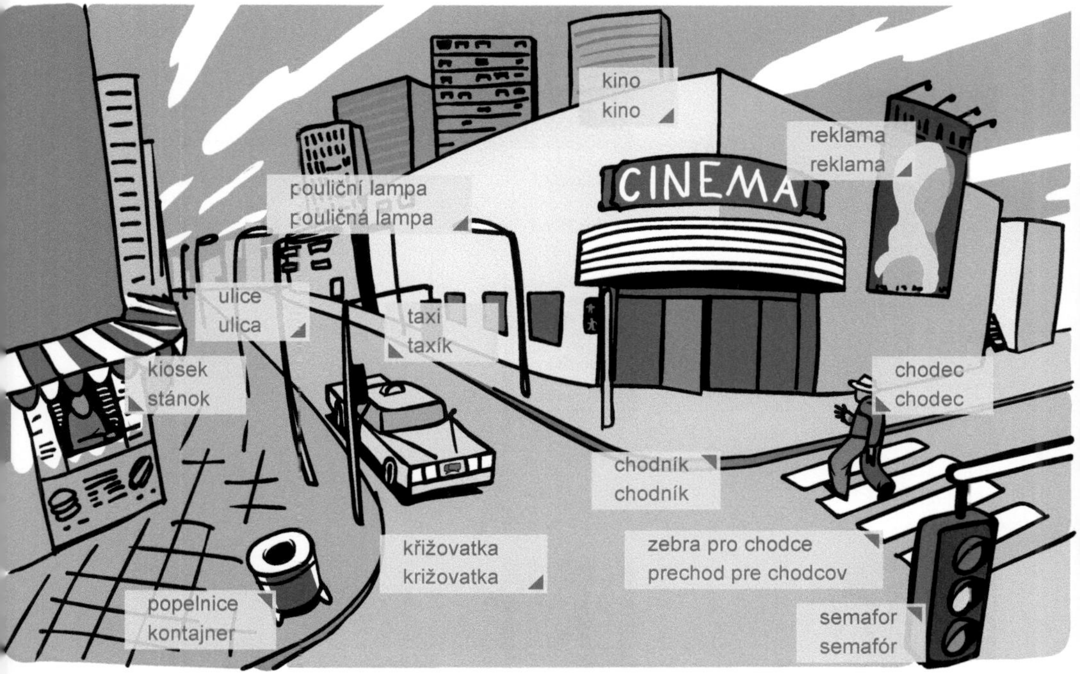

kino
kino

reklama
reklama

pouliční lampa
pouličná lampa

CINEMA

ulice
ulica

taxi
taxík

chodec
chodec

kiosek
stánok

chodník
chodník

křižovatka
križovatka

zebra pro chodce
prechod pre chodcov

popelnice
kontajner

semafor
semafór

chata
chata

byt
byt

vlakové nádraží
vlaková stanica

radnice
radnica

muzeum
múzeum

škola
škola

univerzita

univerzita

banka

banka

nemocnice

nemocnica

hotel

hotel

lékárna

lekáreň

kancelář

kancelária

knihkupectví

kníhkupectvo

obchod

obchod

květinářství

kvetinárstvo

supermarket

supermarket

tržnice

trh

obchodní dům

obchodný dom

rybárna

obchodník s rybami

nákupní centrum

nákupné stredisko

přístav

prístav

park

park

lavička

lavička

most

most

schody

schody

metro

metro

tunel

tunel

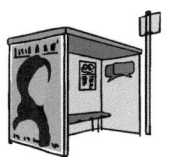

autobusová zastávka

autobusová zastávka

bar

bar

restaurace

reštaurácia

poštovní schránka

poštová schránka

pouliční tabule

tabuľa s názvom ulice

parkovací hodiny

parkovacie hodiny

zoo

ZOO

plovárna

plaváreň

mešita

mešita

usedlost

farma

znečišťování životního prostředí

znečisťovanie životného prostredia

hřbitov

cintorín

církev

kostol

hřiště

ihrisko

chrám

chrám

krajina
terén

list
list

rozcestník
smerová tabuľa

cesta
cesta

louka
lúka

kámen
kameň

strom
strom

turista
turista

řeka
rieka

tráva
tráva

květina
kvet

údolí

dolina

hora

kopec

jezero

jazero

les

les

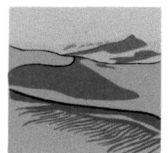

poušť

púšť

sopka

vulkán

zámek

zámok

duha

dúha

houba

hríb

palma

palma

komár

komár

moucha

mucha

mravenec

mravec

včela

včela

pavouk

pavúk

brouk

chrobák

žába

žaba

veverka

veverička

ježek

jež

zajíc

zajac

sova

sova

pták

vták

labuť

labuť

divoké prase

diviak

jelen

jeleň

los

los

přehrada

hrádza

větrné kolo

veterná turbína

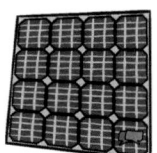

solární panel

solárny panel

podnebí

podnebie

krajina - terén

restaurace
reštaurácia

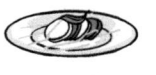

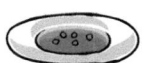

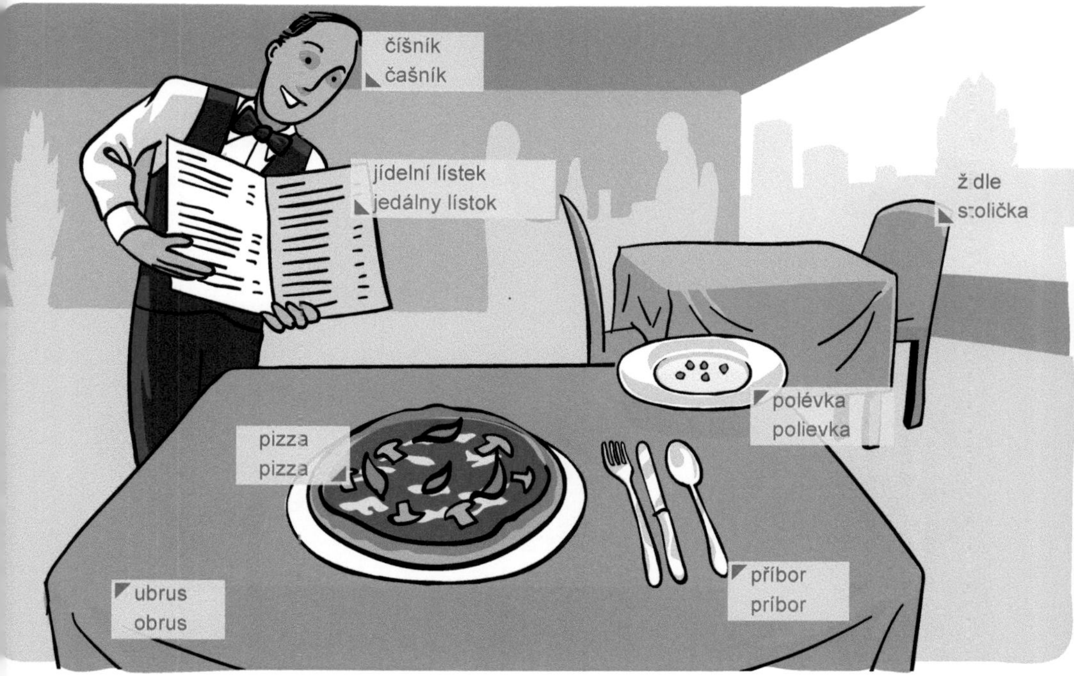

číšník
čašník
jídelní lístek
jedálny lístok
židle
stolička
polévka
polievka
pizza
pizza
příbor
príbor
ubrus
obrus

předkrm

predjedlo

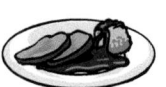

hlavní chod

hlavné jedlo

dezert

zákusok

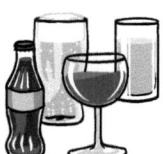

nápoje

nápoje

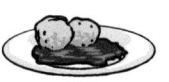

jídlo

jedlo

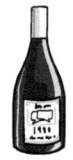

láhev

fľaša

rychlé občerstvení

fast-food

pouliční občerstvení

street food

čajová konvice

kanvica na čaj

cukřenka

cukornička

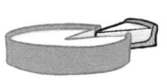

porce

porcia

kávovar na espresso

stroj na espresso

dětská stolička

detská stolička

faktura

účet

tác

podnos

nůž

nôž

vidlička

vidlička

lžíce

lyžica

čajová lyžička

čajová lyžička

ubrousek

obrúsok

sklenička

pohár

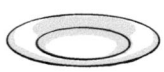

talíř
tanier

talíř na polévku
hlboký tanier

podšálek
podšálka

omáčka
omáčka

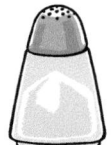

slánka
soľnička

mlýnek na pepř
mlynček na korenie

ocet
ocot

olej
olej

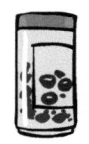

koření
korenie

kečup
kečup

hořčice
horčica

majonéza
majonéza

supermarket

supermarket

nabídka
špeciálna ponuka
FOR
zákazník
klient
mléčné výrobky
mliečne výrobky
ovoce
ovocie
nákupní vozík
nákupný vozík

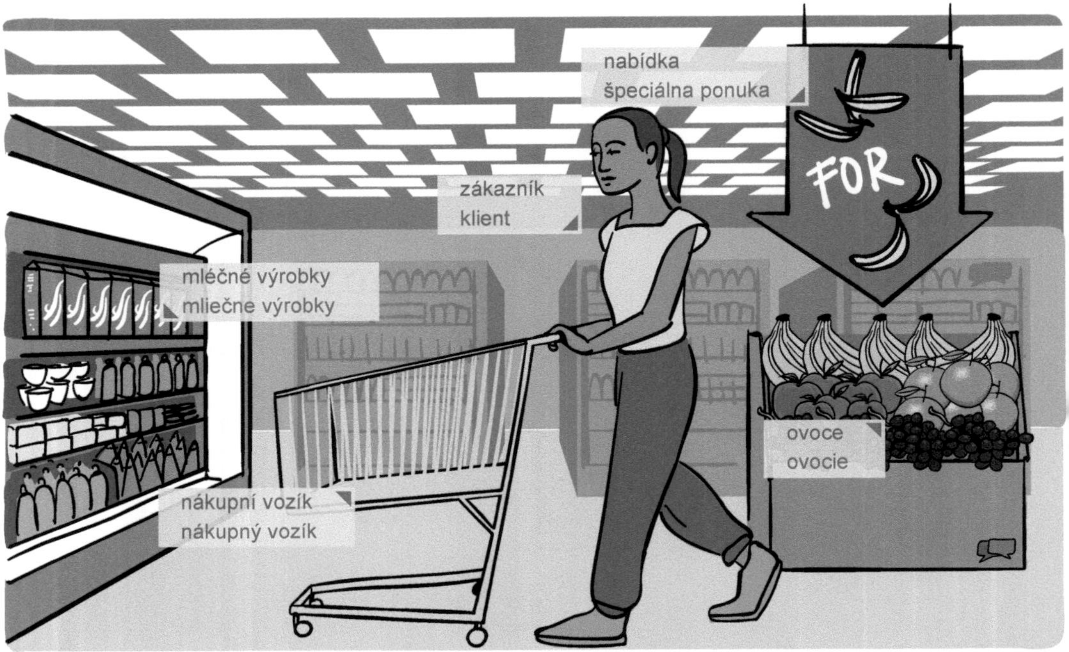

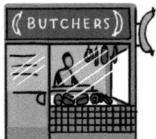

BUTCHERS

masna

mäsiarstvo

BAKERY

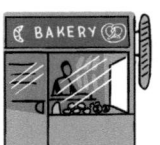

pekařství

pekáreň

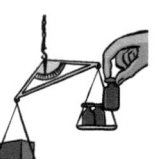

vážit

vážiť

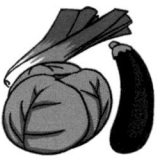

zelenina

zelenina

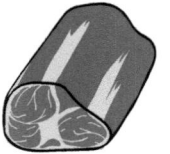

maso

mäso

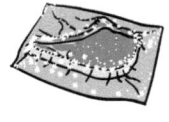

mražené potraviny

mrazené potraviny

obložený talíř

nárez

konzervy

konzervy

prací prášek

prací prostriedok

cukrovinky

sladkosti

výrobky pro domácnost

domáce potreby

čisticí prostředek

čistiace prostriedky

prodavačka

predavačka

pokladna

pokladňa

pokladní

pokladník

nákupní seznam

nákupný zoznam

otevírací doba

otváracie hodiny

peněženka

peňaženka

kreditní karta

kreditná karta

taška

taška

igelitová taška

plastové vrecko

voda

voda

džus

džús

mléko

mlieko

kola

kola

víno

víno

pivo

pivo

alkohol

alkohol

kakao

kakao

čaj

čaj

káva

káva

espresso

espresso

kapučíno

kapučíno

banán

banán

jablko

jablko

pomeranč

pomaranč

meloun

melón

citrón

citrón

mrkev

mrkva

česnek

cesnak

bambus

bambus

cibule

cibuľa

houba

hríb

ořechy

orechy

těstoviny

rezance

špageti

špagety

rýže

ryža

salát

šalát

hranolky

hranolky

americké brambory

pečené zemiaky

pizza

pizza

hamburger

hamburger

sendvič

obložený chlebík

řízek

rezeň

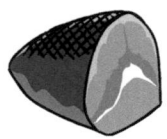

šunka

šunka

salám

saláma

salám

klobása

kuře

kurča

pečeně

pečené mäso

ryby

ryba

ovesné vločky

ovsené vločky

müsli

müsli

vločky

kukuričné lupienky

mouka

múka

croissant

croissant

houska

pečivo

chléb

chlieb

toast

hrianka

sušenky

sušienky

máslo

maslo

tvaroh

tvaroh

buchta

koláč

vejce

vajce

volské oko

volské oko

sýr

syr

jídlo - jedlo

25

zmrzlina
zmrzlina

cukr
cukor

med
med

marmeláda
lekvár

nugátový krém
nugátová nátierka

kari
karí korenie

selské stavení
sedliacky dom

balík slámy
stoch slamy

stodola
stodola

pole
pole

kůň
kôň

přívěs
príves

hříbě
žriebä

traktor
traktor

osel
somár

jehně
jahňa

ovce
ovca

koza

koza

kráva

krava

tele

teľa

prase

prasa

sele

prasiatko

býk

býk

husa
hus

kachna
kačica

kuře
kuriatko

slepice
sliepka

kohout
kohút

krysa
potkan

kočka
mačka

myš
myš

vůl
vôl

pes
pes

psí bouda
psia búda

zahradní hadice
záhradná hadica

kropicí konev
krhla

kosa
kosa

pluh
pluh

srp
kosák

motyka
motyka

vidle
vidly na hnoj

sekera
sekera

kolecko
fúrik

koryto
koryto

konev na mléko
kanva na mlieko

pytel
vrece

plot
plot

stáj
maštaľ

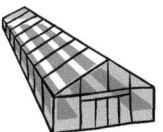

skleník
skleník

půda
pôda

osivo
osivo

hnojivo
hnojivo

kombajn
kombajn

sklidit

žať

sklizeň

žatva

smldinec

batát

pšenice

pšenica

sója

sója

brambora

zemiak

kukuřice

kukurica

řepka

repka

ovocný strom

ovocný strom

maniok

maniok

obilí

obilie

komín
komín

střecha
strecha

okap
dažďový odkvap

okno
okno

garaž
garaž

zvonek
zvonček

dveře
dvere

popelnice
odpadkový kôš

dopisní schránka
poštová schránka

zahrada
záhrada

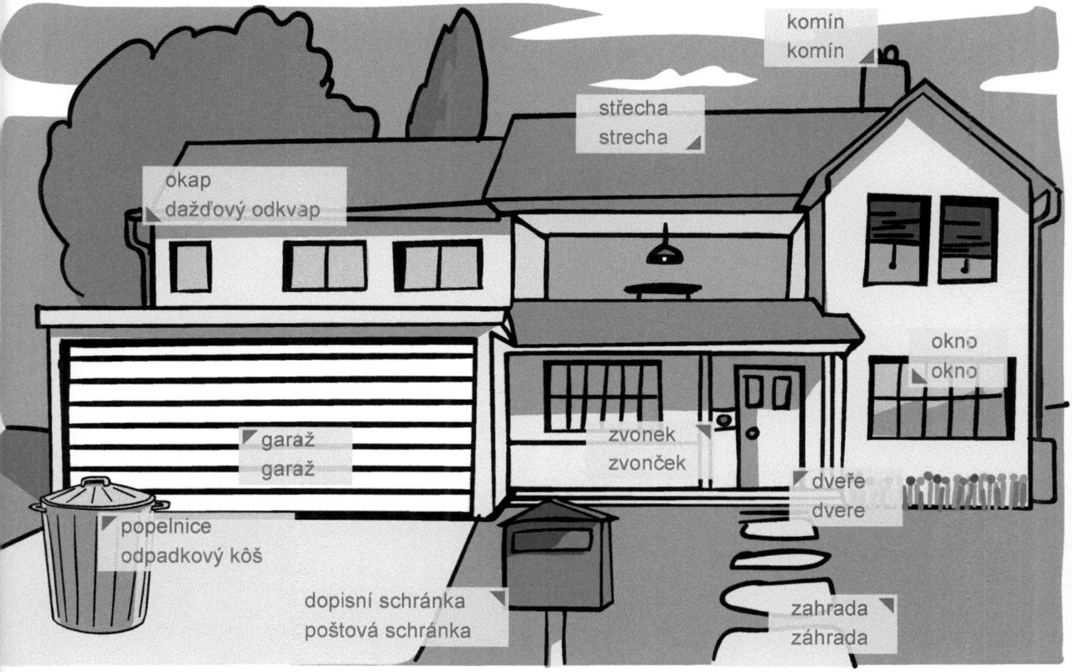

obývací pokoj

obývačka

koupelna

kúpeľňa

kuchyně

kuchyňa

ložnice

spálňa

dětský pokoj

detská izba

jídelna

jedáleň

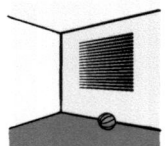

podlaha

podlaha

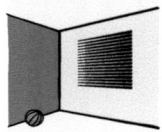

zeď

stena

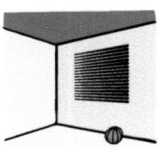

deka

strop

sklep

pivnica

sauna

sauna

balkón

balkón

terasa

terasa

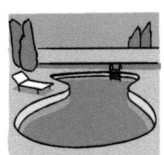

bazén

bazén

sekačka na trávu

kosačka

ložní prádlo

obliečka

lůžková přikrývka

posteľná prikrývka

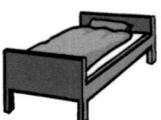

postel

posteľ

smeták

metla

kýbl

vedro

vypínač

vypínač

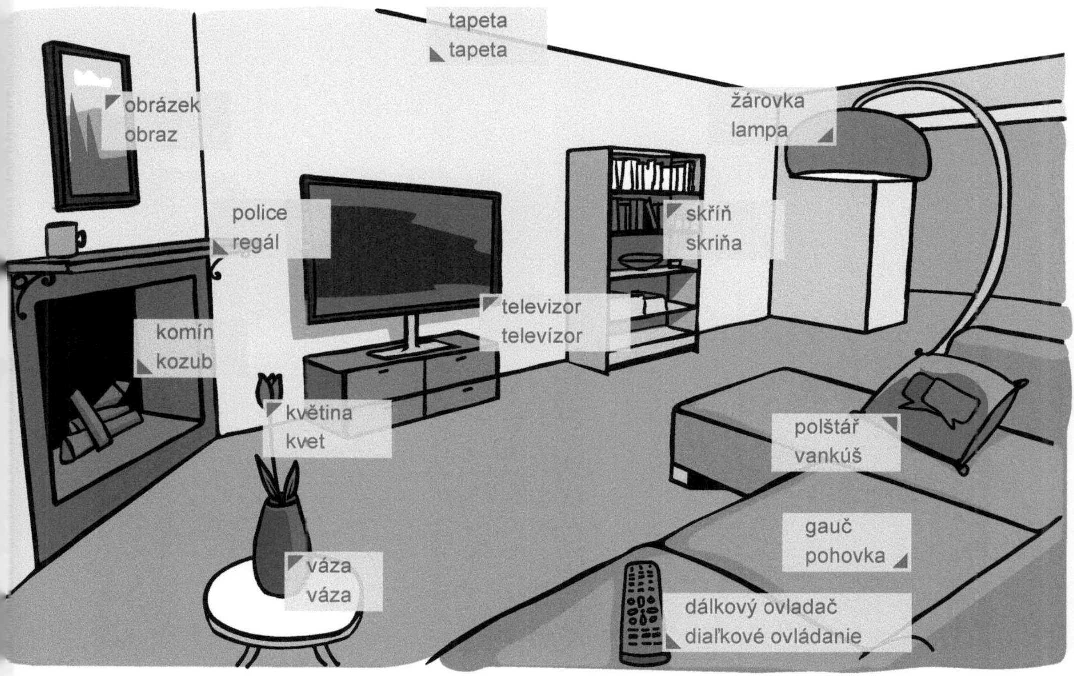

tapeta
tapeta

obrázek
obraz

žárovka
lampa

police
regál

skříň
skriňa

komín
kozub

televizor
televízor

květina
kvet

polštář
vankúš

gauč
pohovka

váza
váza

dálkový ovladač
diaľkové ovládanie

koberec
koberec

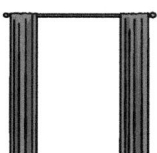

závěs
záclona

stůl
stôl

židle
stolička

houpací křeslo
hojdacie kreslo

křeslo
kreslo

kniha

kniha

strop

prikrývka

ozdoba

dekorácia

palivové dříví

drevo na kúrenie

film

film

stereo souprava

hi-fi veža

klíč

kľúč

noviny

noviny

malba

maľba

plakát

plagát

rádio

rádio

poznámkový blok

zápisník

vysavač

vysávač

kaktus

kaktus

svíce

sviečka

kuchyně
kuchyňa

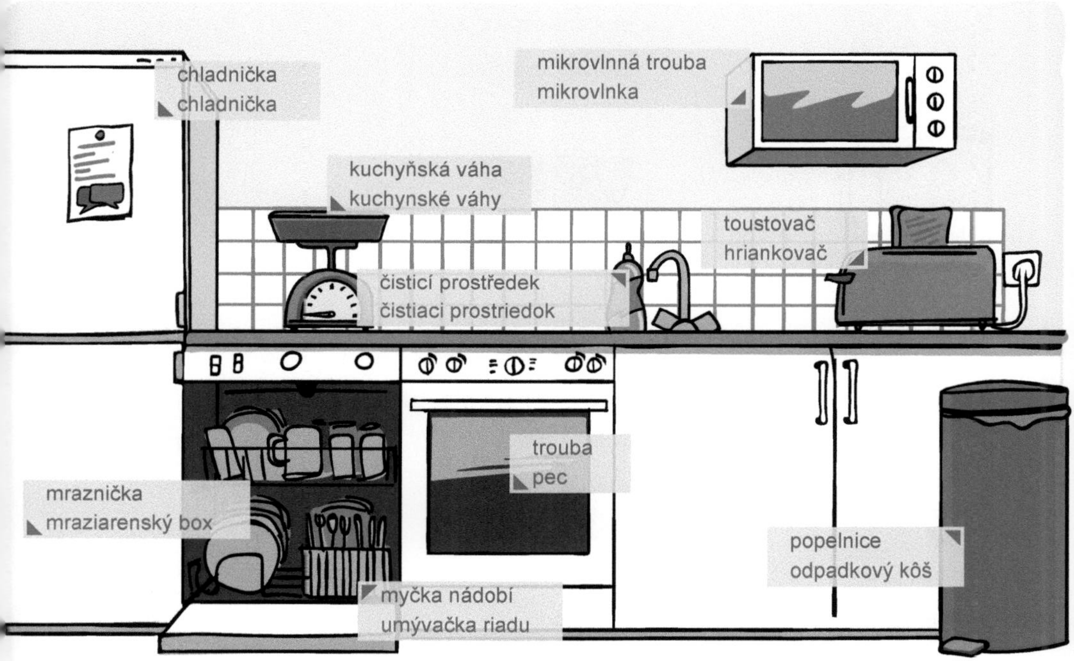
chladnička
chladnička
mikrovlnná trouba
mikrovlnka
kuchyňská váha
kuchynské váhy
toustovač
hriankovač
čisticí prostředek
čistiaci prostriedok
trouba
pec
mraznička
mraziarenský box
popelnice
odpadkový kôš
myčka nádobí
umývačka riadu

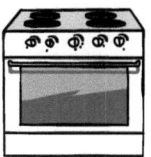

sporák

sporák

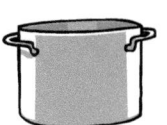

hrnec

hrniec

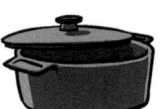

litinový hrnec

železný hrniec

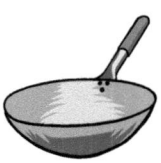

wok / kadai

wok / kadai

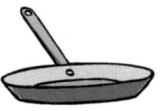

pánev

panvica

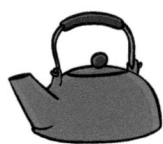

varná konvice

rýchlovarná kanvica

parní hrnec

parný hrniec

plech na pečení

plech na pečenie

nádobí

riad

hrnek

pohár

miska

misa

jídelní hůlky

paličky

naběračka

naberačka na polievku

obracečka

stierka

metla

metlička

síto

cedidlo

cedník

sitko

struhadlo

strúhadlo

hmoždíř

mažiar

gril

gril

ohniště

ohnisko

prkénko na krájení
doska na krájanie

váleček na těsto
valček na cesto

vývrtka
vývrtka

dóza
konzerva

otvírák na konzervy
otvárač na konzervy

chňapka
chňapka

umyvadlo
výlevka

kartáč na nádobí
kefa

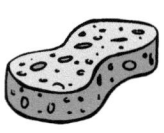

houba
hubka

mixér
mixér

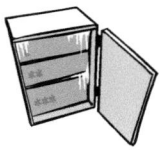

mrazák
mraznička

dětská lahev
kojenecká fľaša

kohoutek
vodovodný kohútik

koupelna
kúpeľňa

topení
kúrenie
sprcha
sprcha
ručník
uterák
sprchový závěs
sprchový záves
pěnová koupel
pena do kúpeľa
vana
vaňa
sklenička
pohár
pračka
práčka
kohoutek
vodovodný kohútik
obkladačky
dlaždice
nočník
nočník
umyvadlo
výlevka

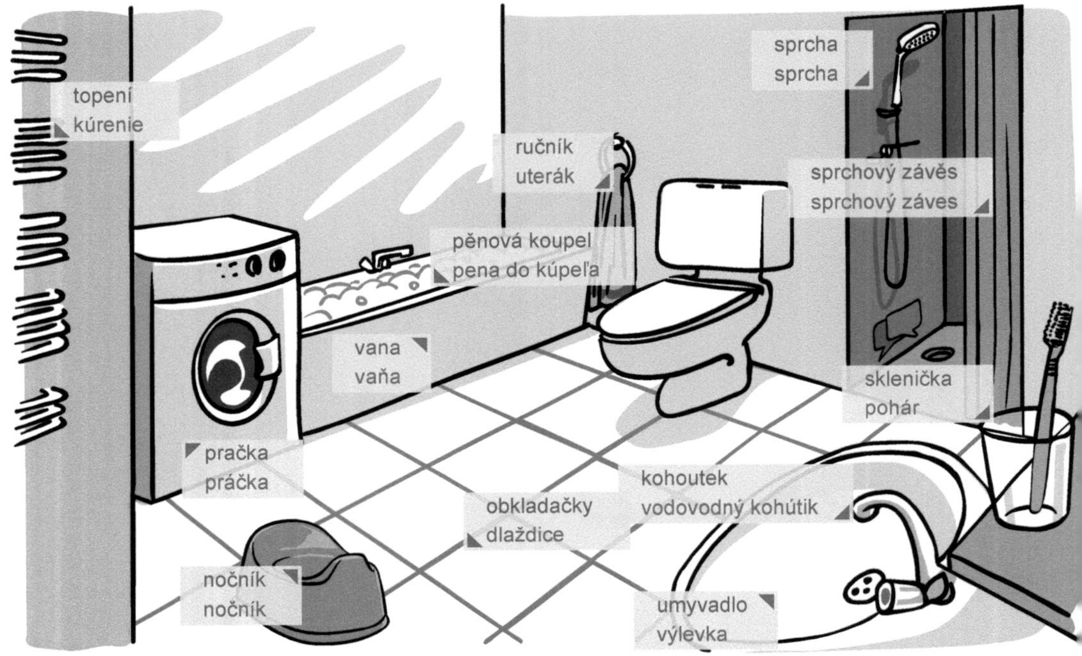

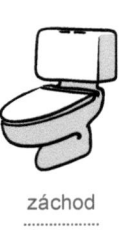

záchod

záchod

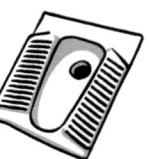

turecký záchod

suchý záchod

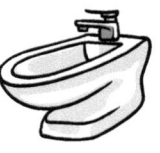

bidet

bidet

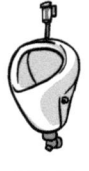

pisoár

pisoár

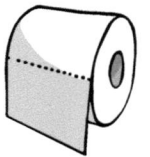

toaletní papír

toaletný papier

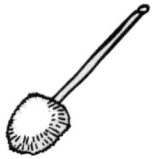

záchodová štětka

záchodová kefa

zubní kartáček

zubná kefka

zubní pasta

zubná pasta

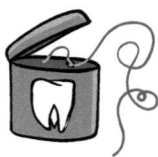

zubní niť

dentálna niť

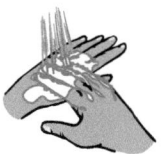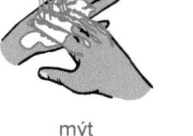

mýt

umývať

ruční sprcha

ručná sprcha

intimní sprcha

sprcha pre intímnu hygienu

umyvadlo

umývadlo

kartáč na záda

kefa na chrbát

mýdlo

mydlo

sprchový gel

sprchový gél

šampón

šampón

žínka

frotírová rukavica

odpad

odtok

krém

krém

deodorant

dezodorant

zrcadlo

zrkadlo

kosmetické zrcátko

kozmetické zrkadlo

holicí strojek

žiletka

pěna na holení

pena na holenie

voda po holení

voda po holení

hřeben

hrebeň

kartáč

kefa

fén

sušič vlasov

lak na vlasy

sprej na vlasy

makeup

make-up

rtěnka

rúž

lak na nehty

lak na nechty

vata

vata

nůžky na nehty

nožnice na nechty

parfém

parfum

taška s toaletními potřebami

kozmetická taška

stolička

stolček

váha

váha

župan

kúpací plášť

gumové rukavice

gumové rukavice

tampón

tampón

dámská vložka

menštruačná vložka

chemická toaleta

chemické WC

dětský pokoj
detská izba

budík
budík
plyšová hračka
plyšová hračka
autíčko
hračkárske auto
chrastítko
hrkálka
domeček pro panenky
domček pre bábiky
dárek
dar

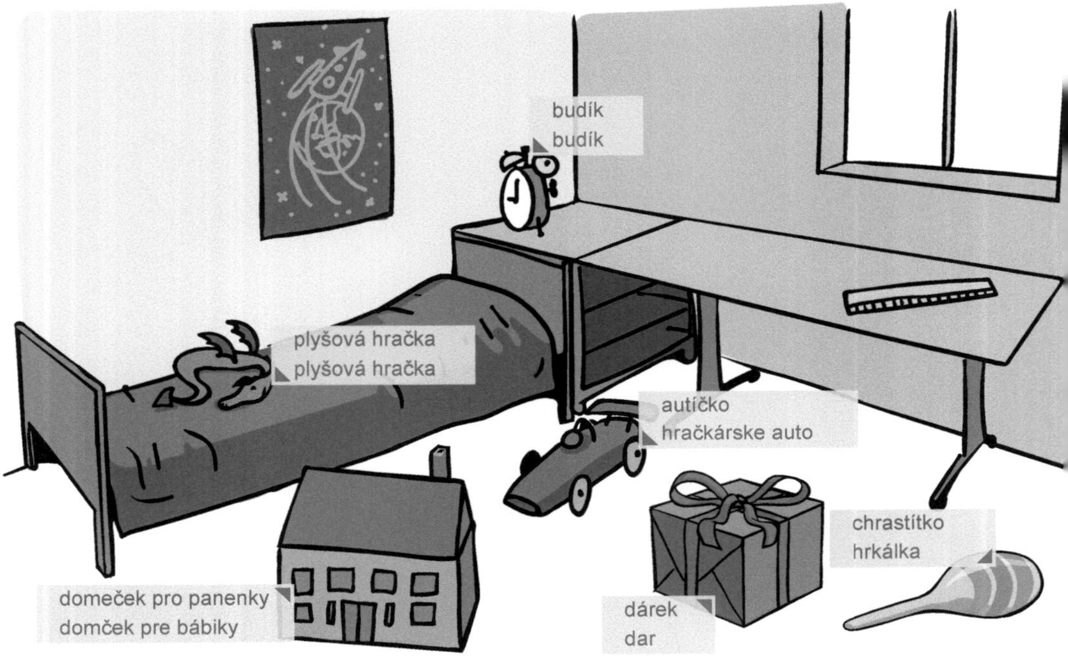

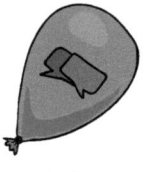

balón
balón

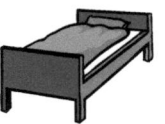

postel
posteľ

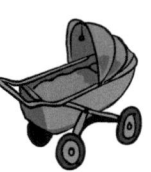

kočárek
detský kočík

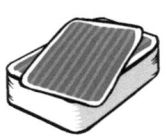

balíček karet
karty

puzzle
puzzle

SUPER MEGA

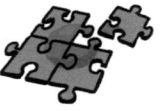

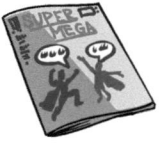

komiks
komix

lego kostky

skladačka lego

stavebnice

stavebnica

akční figurka

akčná postavička

dupačky

dupačky

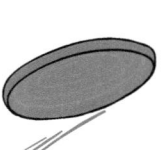

frisbee

lietajúci tanier

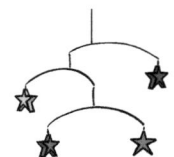

závěsné hračky nad postýlku

závesné hračky

desková hra

stolová hra

kostky

kocka

modelová železnice

modelový vláčik

dudlík

cumlík

oslava

párty

obrázková kniha

obrázková kniha

míč

lopta

panenka

bábika

hrát si

hrať sa

pískoviště

pieskovisko

houpačka

hojdačka

hračky

hračky

hrací konzole

hracia konzola

tříkolka

trojkolka

medvídek

medvedík

šatník

šatník

oblečení

šatstvo

ponožky

ponožky

punčochy

pančuchy

punčochové kalhoty

pančuchové nohavičky

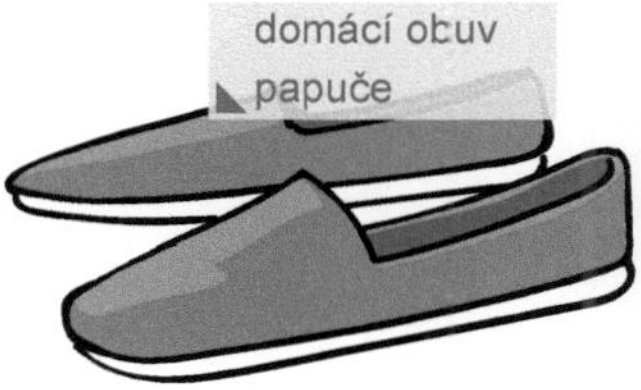

šála
šál

pásek
opasok

deštník
dáždnik

tričko
tričko

kozačky
čižmy

domácí obuv
papuče

tenisky
tenisky

sandály
····················
sandále

obuv
····················
topánky

holínky
····················
gumáky

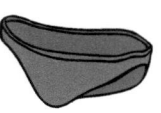

spodní prádlo
····················
spodky

podprsenka
····················
podprsenka

nátělník
····················
tielko

body
body

kalhoty
nohavice

džíny
džínsy

sukně
sukňa

blůza
blúzka

košile
košeľa

svetr
pulóver

mikina
sveter

blejzr
blejzer

bunda
bunda

kabát
kabát

pláštěnka
pršiplášť

kostým
kostým

šaty
šaty

svatební šaty
svadobné šaty

oblek
oblek

noční košile
nočná košeľa

pyžamo
pyžamo

sárí
sari

šátek na hlavu
šatka na hlavu

turban
turban

burka
burka

kaftan
kaftan

abája
abaja

plavky
dvojdielne plavky

pánské plavky
plavky

kraťasy
šortky

teplákóva souprava
tepláková súprava

zástěra
zástera

rukavice
rukavice

knoflík

gombík

brýle

okuliare

náramek

náramok

náhrdelník

retiazka

prsten

prsteň

náušnice

náušnica

čepice

čiapka

ramínko

vešiak

klobouk

klobúk

kravata

kravata

zip

zips

helma

prilba

kšandy

traky

školní uniforma

školská uniforma

uniforma

uniforma

oblečení - šatstvo

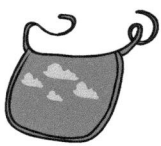

bryndák

podbradník

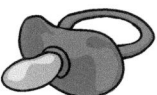

dudlík

cumlík

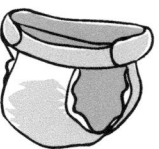

plena

plienka

kancelář

kancelária

server
server
kartotéka
skriňa na spisy
tiskárna
tlačiareň
papír
papier
monitor
monitor
psací stůl
písací stôl
myš
myš
šanon
zakladač
klávesnice
klávesnica
odpadkový koš na papír
kôš na papier
počítač
počítač
židle
stolička

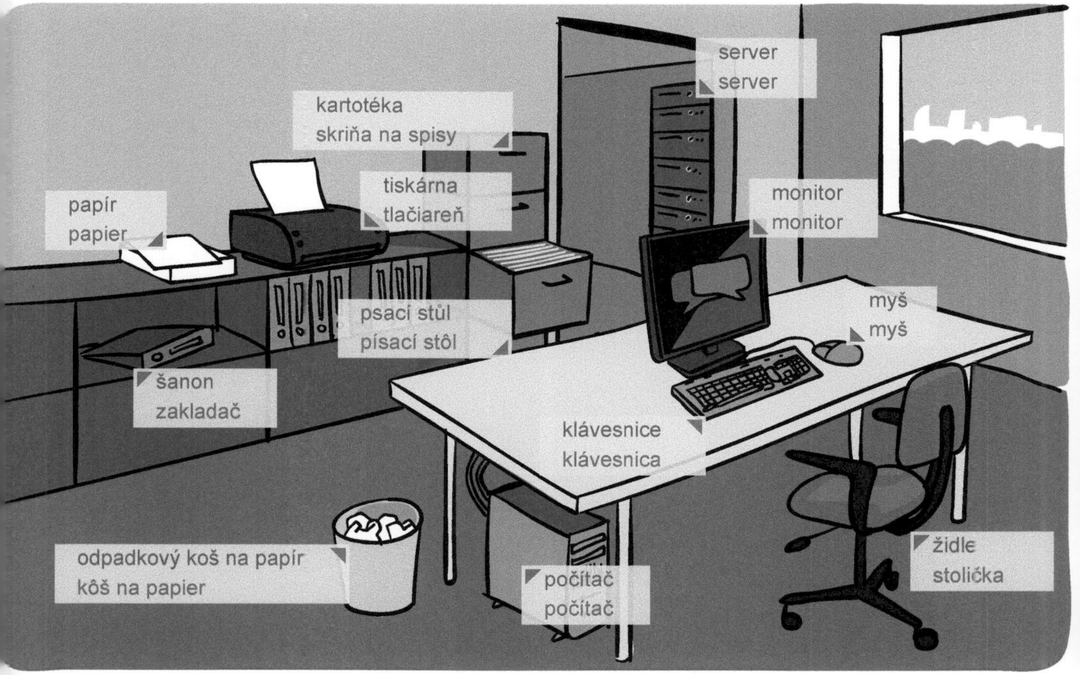

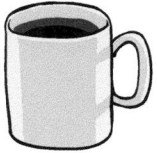

hrnek na kávu

hrnček na kávu

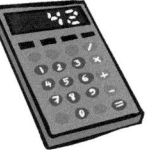

kalkulačka

kalkulačka

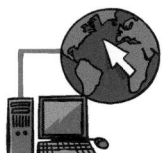

internet

internet

notebook

laptop

dopis

list

zpráva

správa

mobil

mobil

síť

sieť

kopírka

kopírka

software

softvér

telefon

telefón

zásuvka

elektrická zásuvka

fax

fax

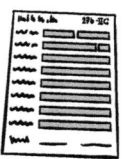

formulář

formulár

dokument

doklad

nakupovat

kúpiť

zaplatit

platiť

jednat

obchodovať

peníze

peniaze

 USD

dolar

dolár

 EUR

euro

euro

JPY

jen

jen

RUB

rubl

rubeľ

CHF

frank

švajčiarsky frank

CNY

juan

čínsky jüan

INR

rupie

rupia

bankomat

bankomat

směnárna
zmenáreň

zlato
zlato

stříbro
striebro

olej
ropa

energie
energia

cena
cena

smlouva
zmluva

daň
daň

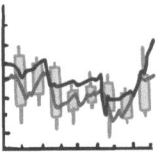

akcie
akcia

pracovat
pracovať

zaměstnanec
zamestnanec

zaměstnavatel
zamestnávateľ

továrna
továreň

obchod
obchod

policista
policajt

hasič
hasič

kuchař
kuchár

lékař
lekár

pilot
pilót

zahradník

záhradník

truhlář

stolár

švadlena

krajčírka

soudce

sudca

chemik

chemik

herec

herec

řidič autobusu

vodič autobusu

řidič taxi

taxikár

rybář

rybár

uklízečka

upratovačka

pokrývač

pokrývač

číšník

čašník

myslivec

poľovník

malíř

maliar

pekař

pekár

elektrikář

elektrikár

stavební dělník

stavebný robotník

inženýr

inžinier

řezník

mäsiar

klempíř

klampiar

listonoš

poštár

voják
vojak

architekt
architekt

pokladní
pokladník

florista
kvetinár

kadeřník
kaderník

průvodčí
sprievodca

mechanik
mechanik

kapitán
kapitán

zubař
zubár

vědec
vedec

rabín
rabín

imám
imám

mnich
mních

duchovní
farár

nářadí
náradie

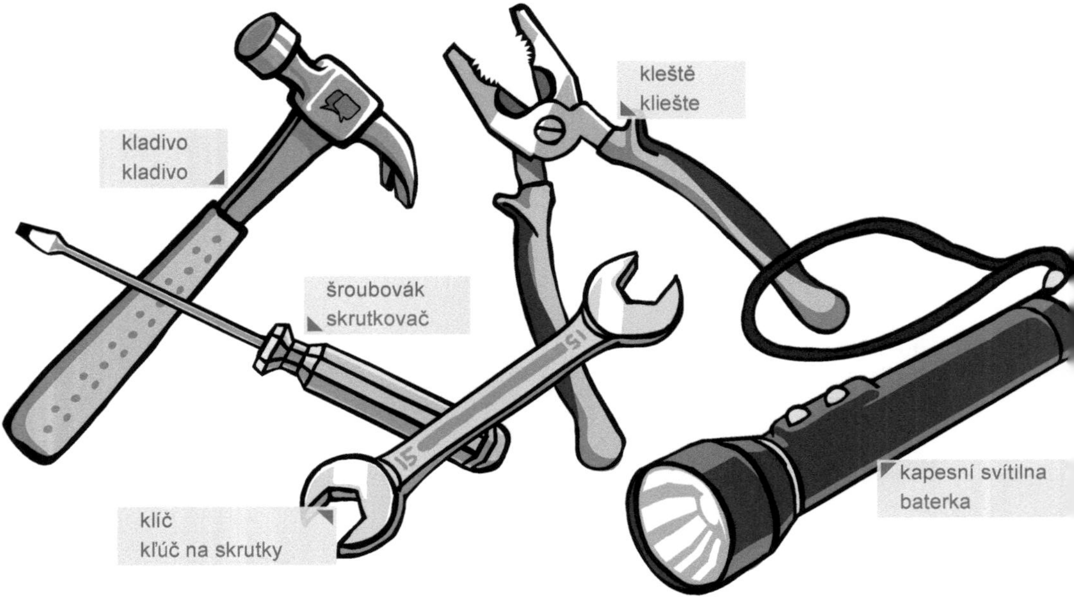
kladivo
kladivo
kleště
kliešte
šroubovák
skrutkovač
klíč
kľúč na skrutky
kapesní svítilna
baterka

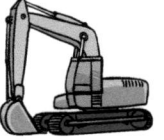

bagr

bager

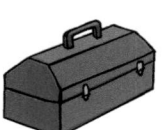

skříň na nářadí

súprava náradia

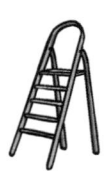

žebřík

rebrík

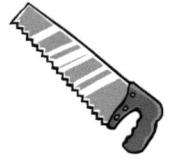

pila

pílka

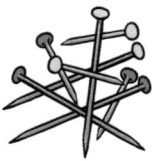

hřebíky

klince

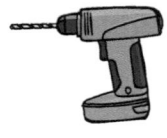

vrtačka

vrták

opravit

opraviť

lopata

lopata

Kurva!

Do čerta!

lopatka

lopatka na smeti

vědroé na barvu

nádoba s farbou

šrouby

skrutky

hudební nástroje
hudobné nástroje

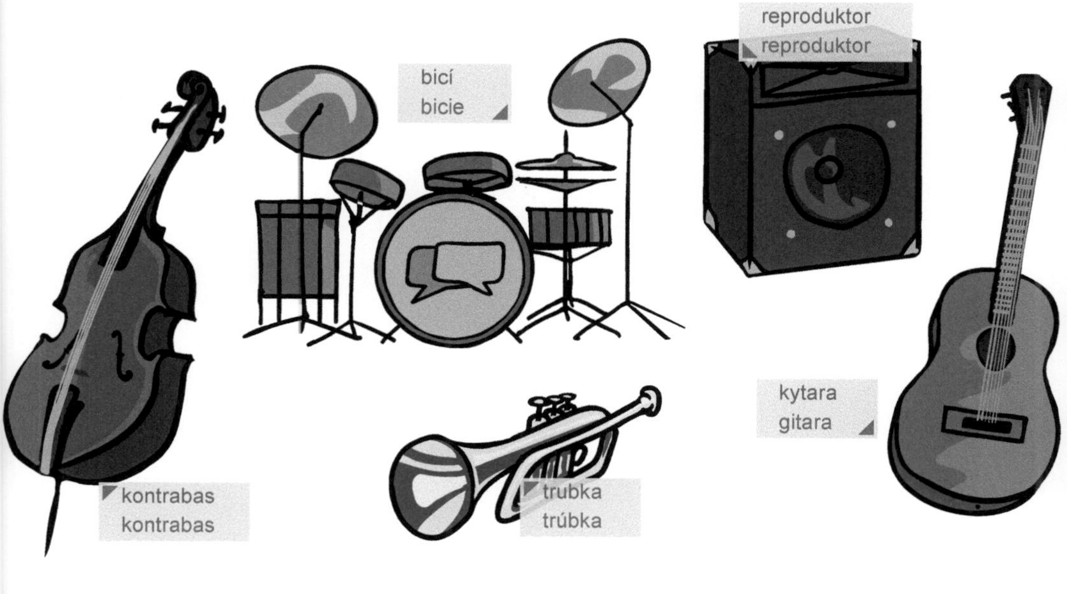

reproduktor
reproduktor

bicí
bicie

kytara
gitara

kontrabas
kontrabas

trubka
trúbka

klavír
klavír

housle
husle

basa
basa

tympán
tympany

bubny
bubon

keyboard
klávesnica

saxofon
saxofón

flétna
flauta

mikrofon
mikrofón

ZOO
ZOO

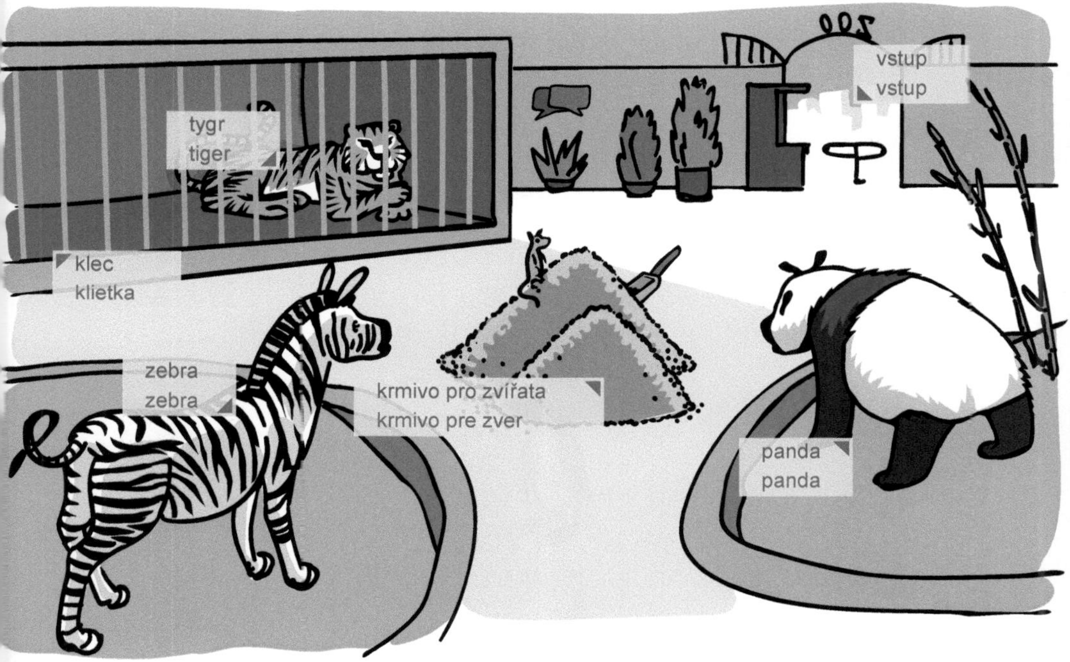

vstup
vstup
tygr
tiger
klec
klietka
zebra
zebra
krmivo pro zvířata
krmivo pre zver
panda
panda

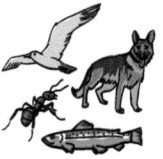

zvířata

zvieratá

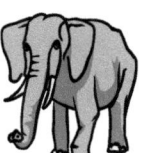

slon

slon

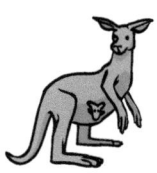

klokan

klokan

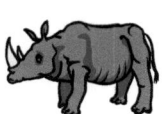

nosorožec

nosorožec

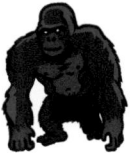

gorila

gorila

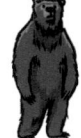

medvěd

medveď

velbloud

ťava

pštros

pštros

lev

lev

opice

opica

plameňák

plameniak

papoušek

papagáj

lední medvěd

ľadový medveď

tučňák

tučniak

žralok

žralok

páv

páv

had

had

krokodýl

krokodíl

ošetřovatel zvířat

ošetrovateľ v ZOO

tuleň

tuleň

jaguár

jaguár

poník

poník

leopard

leopard

hroch

hroch

žirafa

žirafa

orel

orol

divoké prase

diviak

ryby

ryba

želva

korytnačka

mrož

mrož

liška

líška

gazela

gazela

americký fotbal
americký futbal

cyklistika
cyklistika

tenis
tenis

košíková
basketbal

plavání
plávanie

box
box

lední hokej
hokej

kopaná
futbal

badminton
bedminton

lehká atletika
ľahká atletika

házená
hádzaná

běh na lyžích
lyžovanie

vodní pólo
pólo

aktivity
aktivity

smát se
smiať sa
skočit
skočiť
objímat
objať
jít
chodiť
zpívat
spievať
snít
snívať
modlit se
modliť sa
políbit
pobozkať

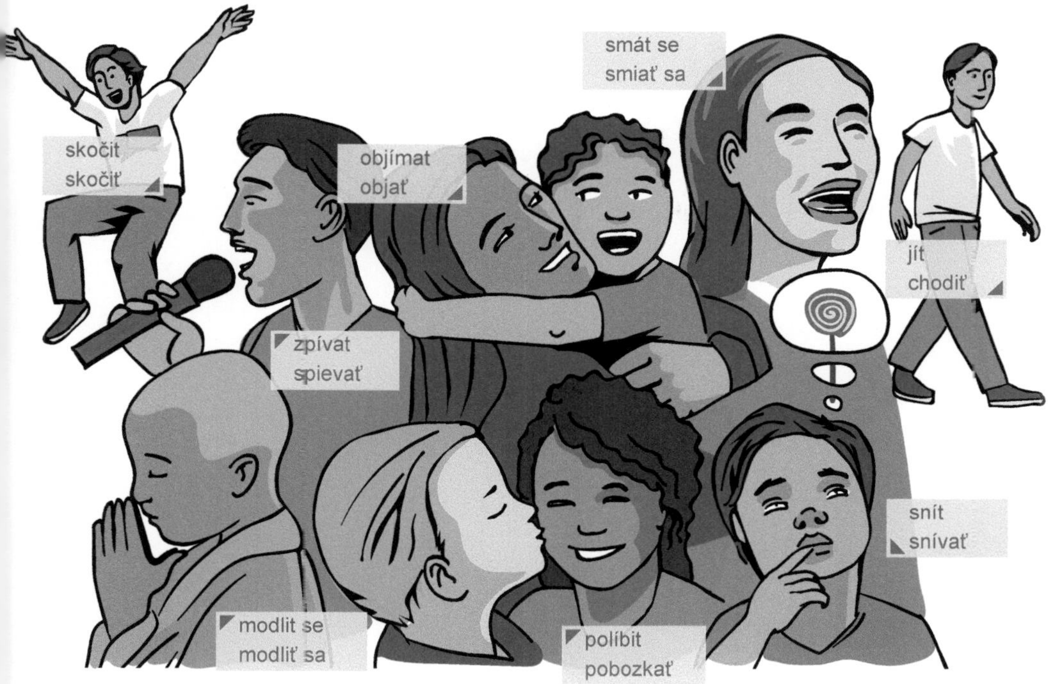

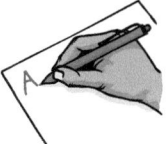

psát
písať

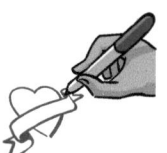

kreslit
kresliť

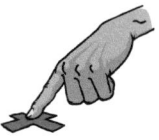

ukazovat
ukázať

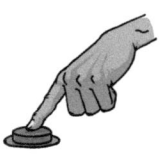

tlačit
tlačiť

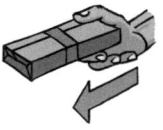

dát
dať

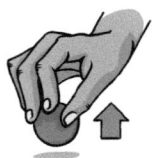

vzít si
brať

mít
....
mať

dělat
....
robiť

být
....
byť

stát
....
stáť

běhat
....
bežať

táhnout
....
ťahať

hodit
....
hádzať

padat
....
padnúť

ležet
....
ležať

čekat
....
čakať

nosit
....
nosiť

sedět
....
sedieť

oblékat
....
obliecť sa

spát
....
spať

vzbudit se
....
zobudiť sa

prohlédnout si

pozerať

plakat

plakať

pohladit

hladkať

česat

česať

hovořit

hovoriť

rozumět

rozumieť

ptát se

pýtať sa

slyšet

počuť

pít

piť

jíst

jesť

uklidit

upratať

milovat

milovať

vařit

variť

jet

jazdiť

letět

letieť

plachtit

plachtiť

počítat

počítať

číst

čítať

učit se

učiť sa

pracovat

pracovať

vzít si

oženiť

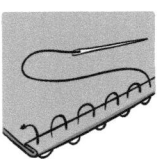

šít

šiť

čistit si zuby

čistiť zuby

zabít

zabiť

kouřit

fajčiť

poslat

poslať

babička
stará mama

dědeček
starý otec

otec
otec

matka
mama

dítě
bábo

dcera
dcéra

syn
syn

host
hosť

teta
teta

strýc
strýko

bratr
brat

sestra
sestra

tělo
telo

čelo
čelo
oko
oko
rameno
plece
prst
prst
obličej
tvár
brada
brada
ruka
ruka
dolní končetina
noha
hruď
hruď
paže
rameno

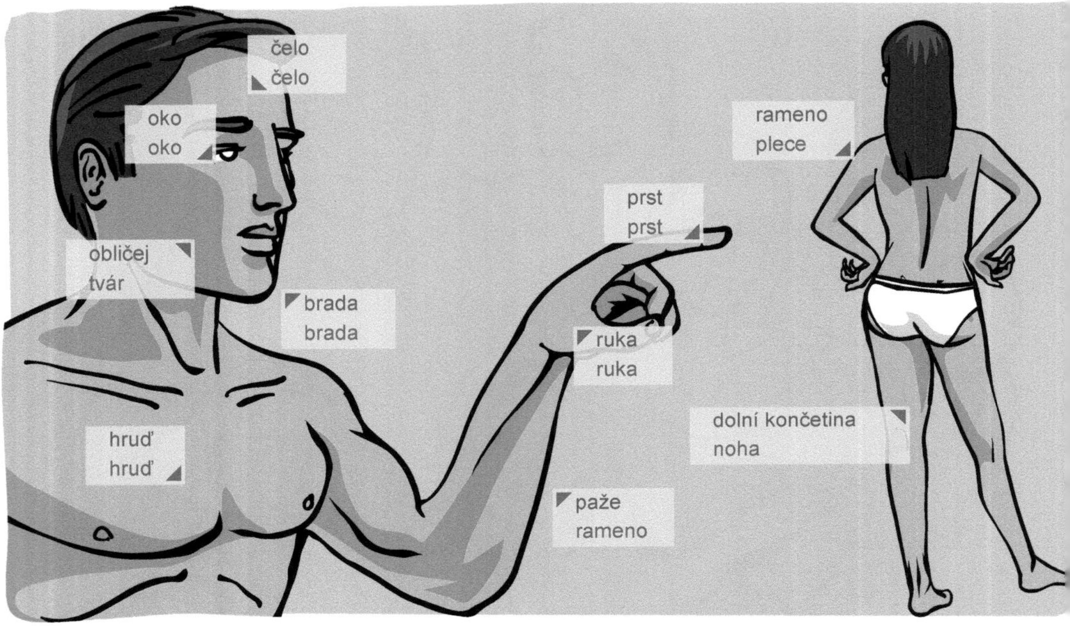

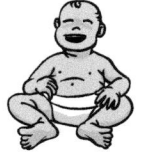

dítě

bábo

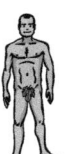

muž

muž

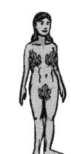

žena

žena

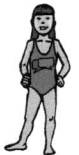

dívka

dievča

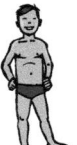

chlapec

chlapec

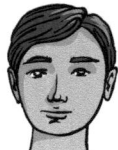

hlava

hlava

záda

chrbát

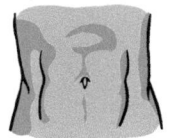

břicho

brucho

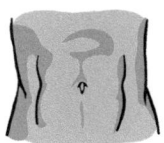

pupík

pupok

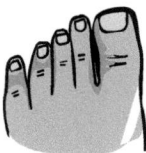

prst na noze

prst na nohe

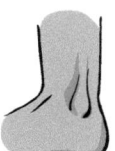

pata

päta

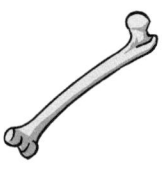

kost

kosť

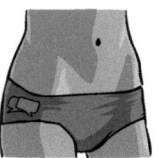

bok

bok

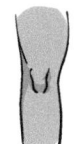

koleno

koleno

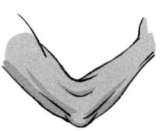

loket

lakeť

nos

nos

zadek

zadok

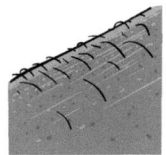

kůže

koža

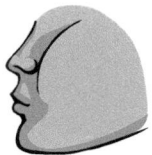

tvář

líce

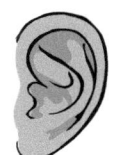

ucho

ucho

ret

pery

ústa

ústa

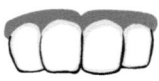

zub

zub

jazyk

jazyk

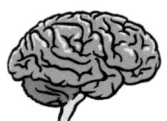

mozek

mozog

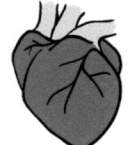

srdce

srdce

sval

svaly

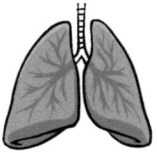

plíce

pľúca

játra

pečeň

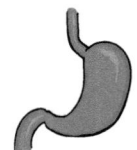

žaludek

žalúdok

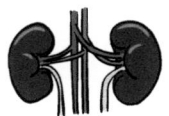

ledviny

obličky

pohlavní styk

pohlavný styk

kondom

kondóm

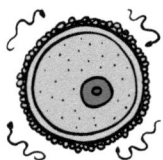

vajíčko

vaječná bunka

sperma

semeno

těhotenství

tehotenstvo

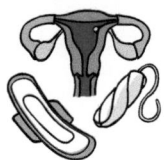

menstruace

menštruácia

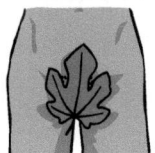

vagina

vagína

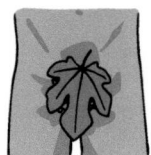

penis

penis

obočí

obočie

vlasy

vlasy

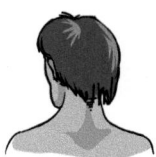

krk

krk

nemocnice
nemocnica

nemocnice
nemocnica

sanitka
sanitka

invalidní vozík
invalidný vozík

zlomenina
zlomenina

lékař
lekár

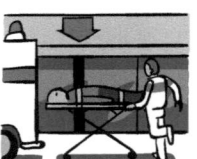

pohotovost
urgentný príjem

zdravotní sestra
sestrička

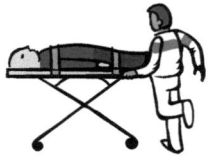

urgentní případ
urgentný prípad

v bezvědomí
v bezvedomí

bolest
bolesť

úraz

zranenie

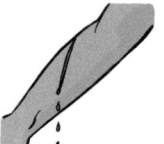

krvácení

krvácanie

infarkt myokardu

srdcový infarkt

cévní mozková příhoda

mozgová porážka

alergie

alergia

kašel

kašeľ

horečka

teplota

chřipka

chrípka

průjem

hnačka

bolest hlavy

bolesť hlavy

rakovina

rakovina

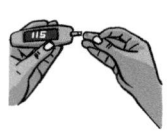

cukrovka

cukrovka

chirurg

chirurg

skalpel

skalpel

operace

operácia

CT
....
CT

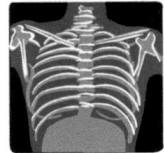

rentgen
....
RTG

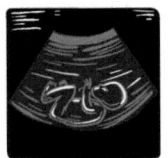

ultrazvuk
....
ultrazvuk

maska
....
maska

nemoc
....
choroba

čekárna
....
čakáreň

berle
....
barla

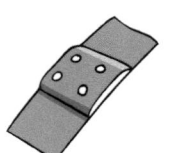

náplast
....
náplasť

obvaz
....
obväz

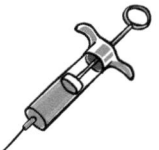

injekce
....
injekcia

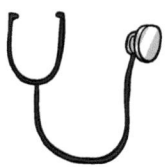

stetoskop
....
fonendoskop

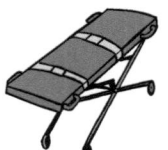

nosítka
....
nosidlá

teploměr
....
teplomer

porod
....
pôrod

nadváha
....
nadváha

naslouchátko
audiofón

dezinfekční prostředek
dezinfekčný prostriedok

infekce
infekcia

virus
vírus

HIV / AIDS
HIV / AIDS

lékařství
medicína

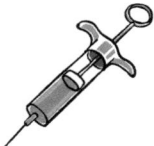

očkování
očkovanie

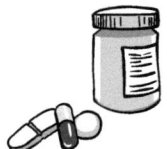

tablety
tabletky

pilulka
antikoncepčná pilulka

tísňové volání
tiesňové volanie

tonometr
tlakomer

nemocný / zdravý
chorý / zdravý

Pomoc!

Pomoc!

poplach

alarm

přepadení

prepad

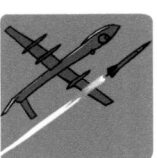

napadení

útok

nebezpečí

nebezpečenstvo

nouzový východ

núdzový východ

Hoří!

Horí!

hasicí přístroj

hasičský prístroj

nehoda

nehoda

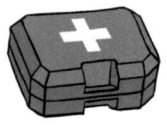

zdravotnická brašna

kufrík prvej pomoci

SOS

SOS

policie

polícia

Evropa

Európa

Severní Amerika

Severná Amerika

Jižní Amerika

Južná Amerika

Afrika

Afrika

Asie

Ázia

Austrálie

Austrália

Atlantik

Atlantický oceán

Pacifik

Tichý oceán

Indický oceán

Indický oceán

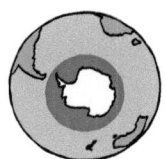

Jižní ledový oceán

Južný oceán

Severní ledový oceán

Severný ľadový oceán

severní pól

Severný pól

jižní pól
Južný pól

Antarktida
Antarktída

země
Zem

pevnina
krajina

moře
more

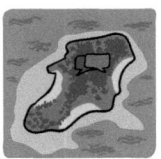

ostrov
ostrov

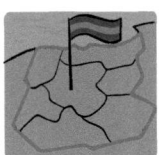

národ
národ

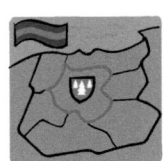

stát
štát

ciferník

ciferník

hodinová ručička

hodinová ručička

minutová ručička

minútová ručička

vteřinová ručička

sekundová ručička

Kolik je hodin?

Koľko je hodín?

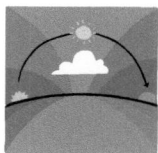

den

deň

čas

čas

teď

teraz

digitální hodinky

digitálne hodiny

minuta

minúta

hodina

hodina

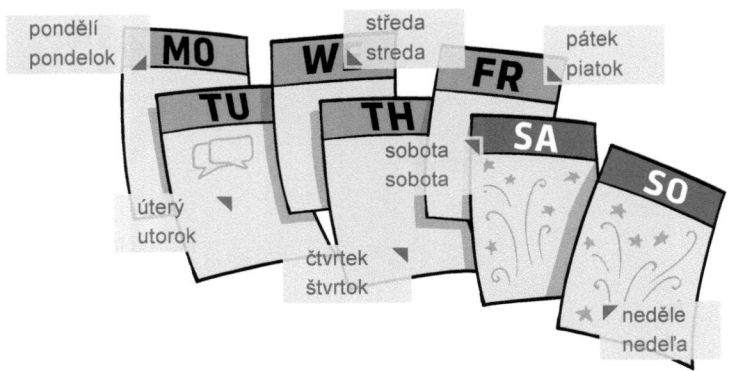

pondělí
pondelok

MO

TU

úterý
utorok

W středa
streda

TH

čtvrtek
štvrtok

sobota
sobota

FR pátek
piatok

SA

SO

neděle
nedeľa

včera
....
včera

dnes
....
dnes

zítra
....
zajtra

ráno
....
ráno

poledne
....
poludnie

večer
....
večer

MO	TU	WE	TH	FR	SA	SU
1	2	3	4	5	6	7
8	9	10	11	12	13	14
15	16	17	18	19	20	21
22	23	24	25	26	27	28
29	30	31	1	2	3	4

pracovní dny
....
pracovné dni

MO	TU	WE	TH	FR	SA	SU
1	2	3	4	5	6	7
8	9	10	11	12	13	14
15	16	17	18	19	20	21
22	23	24	25	26	27	28
29	30	31	1	2	3	4

víkend
....
víkend

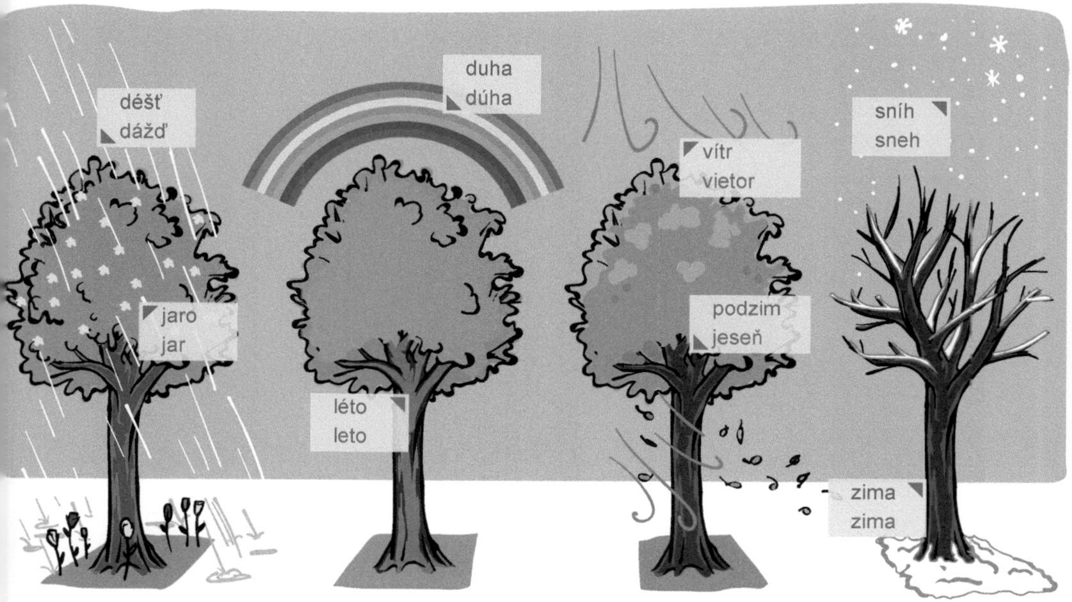

déšť
dážď
duha
dúha
vítr
vietor
sníh
sneh
jaro
jar
léto
leto
podzim
jeseň
zima
zima

4.APRIL 11°
5.APRIL 4°
6.APRIL 13°
7.APRIL 8°
8.APRIL 10°

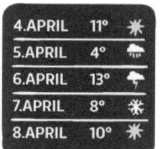

předpověď počasí

predpoveď počasia

F C
120 40
90 30
60 20
30 10
0 0
-30 -10
-20

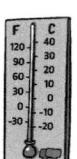

teploměr

teplomer

sluneční svit

slnečný svit

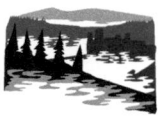

mrak

oblak

mlha

hmla

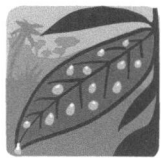

vlhkost

vlhkosť vzduchu

blesk

blesk

hrom

hrom

bouřka

búrka

kroupy

krúpy

monzun

monzún

povodeň

záplava

led

ľad

leden

január

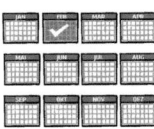

únor

február

březen

marec

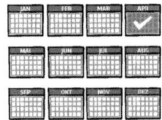

duben

apríl

květen

máj

červen

jún

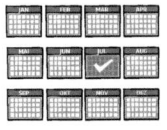

červenec

júl

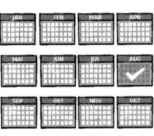

srpen

august

září
....
september

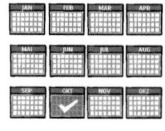

říjen
....
október

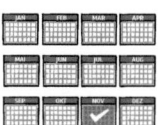

listopad
....
november

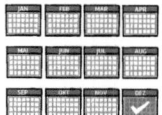

prosinec
....
december

tvary

tvary

kruh
....
kruh

čtverec
....
štvorec

obdélník
....
obdĺžnik

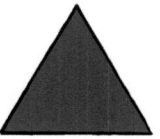

trojúhelník
....
trojuholník

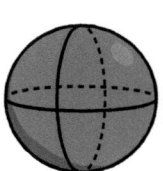

koule
....
guľa

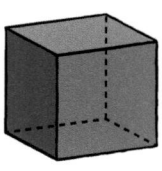

krychle
....
kocka

bílá
biela

žlutá
žltá

oranžová
oranžová

růžová
ružová

červená
červená

fialová
fialová

modrá
modrá

zelená
zelená

hnědá
hnedá

šedá
šedá

černá
čierna

hodně / málo

veľa / málo

rozzuřený / mírumilovný

zúrivý / pokojný

krásný / ošklivý

pekný / škaredý

začátek / konec

začiatok / koniec

velký / malý

veľký / malý

světlý / tmavý

svetlý / tmavý

bratr / sestra

brat / sestra

čistý / špinavý

čistý / špinavý

úplný / neúplný

úplný / neúplný

den / noc

deň / noc

mrtvý / živý

mŕtvy / živý

široký / úzký

široký / úzky

jedlý / nejedlý

chutný / nechutný

zlý / hodný

zlostný / láskavý

vzrušený / znuděný

vzrušený / unudený

tlustý / hubený

tlstý / chudý

nejdříve / naposledy

prvý / posledný

přítel / nepřítel

priateľ / nepriateľ

plný / prázdný

plný / prázdny

tvrdý / měkký

tvrdý / mäkký

těžký / lehký

ťažký / ľahký

hlad / žízeň

hlad / smäd

nemocný / zdravý

chorý / zdravý

ilegální / legální

nelegálny / legálny

inteligentní / hloupý

inteligentný / hlúpy

vlevo / vpravo

vľavo / vpravo

blízko / daleko

blízko / ďaleko

nový / použitý

nový / použitý

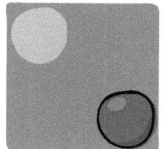

nic / něco

nič / niečo

starý / mladý

starý / mladý

zapnutý / vypnutý

zapnuté / vypnuté

otevřeno / zavřeno

otvorené / zatvorené

tichý / hlasitý

tichý / hlasný

bohatý / chudý

bohatý / chudobný

správný / špatný

správne / nesprávne

drsný / hladký

drsný / hladký

smutný / šťastný

smutný / šťastný

krátký / dlouhý

krátky / dlhý

pomalý / rychlý

pomaly / rýchlo

vlhký / suchý

mokrý / suchý

teplý / chladný

teplý / studený

válka / mír

vojna / mier

0

nula

nula

1

jedna

jeden

2

dva

dva

3

tři

tri

4

čtyři

štyri

5

pět

päť

6

šest

šesť

7

sedm

sedem

8

osm

osem

9

devět

deväť

10

deset

desať

11

jedenáct

jedenásť

12

dvanáct
dvanásť

13

třináct
trinásť

14

čtrnáct
štrnásť

15

patnáct
pätnásť

16

šestnáct
šestnásť

17

sedmnáct
sedemnásť

18

osmnáct
osemnásť

19

devatenáct
devätnásť

20

dvacet
dvadsať

100

sto
sto

1.000

tisíc
tisíc

1.000.000

milion
milión

angličtina
angličtina

americká angličtina
americká angličtina

standardní čínština
mandarínska čínština

hindština
hindčina

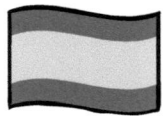

španělština
španielčina

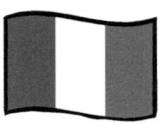

francouzština
francúzština

arabština
arabčina

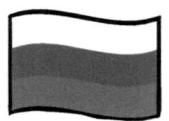

ruština
ruština

portugalština
portugalčina

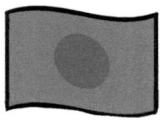

bengálština
bengálčina

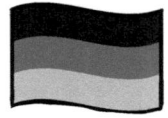

němčina
nemčina

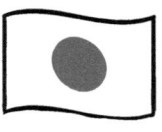

japonština
japončina

já
ja

ty
ty

on / ona / ono
on/ona/ono

my
my

vy
vy

oni
oni

Kdo?
kto?

Co?
čo?

Jak?
ako?

Kde?
kde?

Kdy?
kedy?

jméno
meno

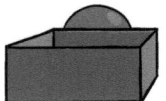

za
....
za

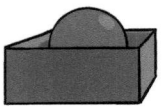

do
....
v

z
....
pred

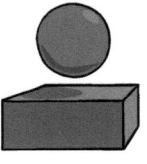

nad
....
nad

na
....
na

mezi
....
pod

vedle
....
vedľa

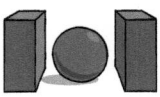

mezi
....
medzi

místo
....
miesto